AF296538

DESCRIPTION GÉNÉRALE

DE

LA CHINE,

RÉDIGÉE

D'APRÈS LES MÉMOIRES DE LA MISSION DE PÉ-KIN.

OUVRAGE QUI CONTIENT

1°. La description topographique des quinze provinces qui composent cet Empire, celle de la Tartarie, des îles et des divers Etats tributaires qui en dépendent; le nombre de ses villes, le tableau de sa population, et les trois règnes de son histoire naturelle rassemblés et donnés pour la première fois avec quelque étendue. 2°. L'exposé de toutes les connaissances acquises et parvenues jusqu'ici en Europe sur le gouvernement, la religion, les lois, les mœurs et les usages, les sciences et les arts des Chinois.

TROISIÈME ÉDITION,

REVUE ET CONSIDÉRABLEMENT AUGMENTÉE.

PAR M. L'ABBÉ GROSIER,

ANCIEN CHANOINE DE ST.-LOUIS DU LOUVRE,
CONSERVATEUR DE LA BIBLIOTHÈQUE DE MONSIEUR, FRÈRE DU ROI,
A L'ARSENAL.

Prospectus.

LE voyageur Marc Pol ne trouva que des contradicteurs en Europe, lorsque, vers la fin du treizième siècle, il annonça qu'il avait découvert à l'extrémité de l'Asie un immense et puissant empire, soumis à des lois et à une police régulières, couvert de cités florissantes et offrant partout le spectacle d'un peuple nombreux, actif, instruit dans la connaissance des arts, et livré sans cesse aux divers travaux qu'ils exigent. Cette annonce soudaine d'un grand empire, jusqu'alors inconnu, fit suspecter d'abord la véracité du relateur vénitien : on crut ses descriptions exagérées, et comme il ne s'exprimait que par millions, lorsqu'il parlait des richesses, des villes et des habitans de la Chine, ses compatriotes railleurs ne le désignaient plus que sous le nom de *Messer Milioni*. Mais d'autres voyageurs, en attestant les mêmes faits, n'ont pas tardé à confirmer tous les récits de Marc Pol. Bientôt le commerce a conduit nos navigateurs dans ces riches contrées ; les comptoirs de l'Europe s'y sont établis ; nos missionnaires, admis à la faveur des arts, ont successivement parcouru, mesuré, décrit toutes les parties de cette grande région ; ils ont étudié les livres et les monumens dont ce peuple est dépositaire ; et il est aujourd'hui constaté que cette monarchie est non‑seulement la plus ancienne de toutes celles qui existent, mais encore la plus vaste, la plus riche, et celle qui réunit le plus grand nombre d'hommes sous les mêmes lois.

C'est cet empire extraordinaire que nous entreprenons de décrire, et c'est du peuple non moins extraordinaire qui l'habite que nous exposerons les mœurs, la vie privée, l'industrie, les arts, les opinions morales, politiques et philosophiques.

Après avoir achevé de publier, en 1783, les douze volumes in-4° de l'*Histoire chinoise*, traduite à Pé-kin par le P. de Mailla, je crus qu'il était nécessaire de faire connaître les lieux qui, pendant quatre mille ans, avaient été le théâtre d'un si grand nombre d'événemens, et je donnai, pour servir de supplément à cette histoire, ma *Description générale de la Chine*. Deux éditions nombreuses de celle-ci, l'une en un volume in-4°, l'autre en deux vol. in-8°, sont épuisées depuis long-tems, et même devenues assez rares et chères. On a traduit cet ouvrage en Angleterre et en Italie, et les deux plus récens géographes anglais, Guthries et Pinkerton, ont témoigné leur estime pour mon travail et mes recherches, en déclarant que cette *Description de la Chine était la meilleure qui eût encore* *paru jusqu'ici.* * M. de Grimm assure de même qu'elle est l'ouvrage *le plus exact et le plus complet qu'on ait publié depuis les premières relations données par les jésuites.* **

Cette description était cependant très-imparfaite, et elle devait l'être, puisque, rédigée d'abord assez à la hâte, elle n'avait été destinée qu'à former un simple supplément. Je me déterminai dès-lors à compléter cet ouvrage, et à donner à toutes ses parties des développemens qui fussent proportionnés aux connaissances nouvelles obtenues sur la Chine, et dues spécialement au zèle et au travail des derniers jésuites missionnaires.

Ce tableau de l'état actuel de l'empire chinois, augmenté de plus des deux tiers, est devenu un ouvrage absolument neuf. L'addition la plus considérable qu'il présente est celle qui concerne l'histoire naturelle de la Chine, peu connue jusqu'ici, et sur laquelle on ne trouvait que des notions éparses et en petit nombre. Celle que mes recherches et le secours de mes mémoires m'ont mis à portée de donner, embrasse les trois règnes ;

* Pinkerton, tome IV, page 206. — Guthries. (*Voyez* ses Préfaces.)

** Grimm, *Corresp. Litt.*, 3e partie, tome IV, page 25.

foible esquisse et nomenclature bien incomplète, sans doute, des productions immenses et variées que recèle le sol chinois, mais qui contiendra du moins toutes celles dont la connaissance nous est parvenue.

Les plus importantes des autres additions ont pour objet l'agriculture et les diverses méthodes chinoises relatives à l'économie champêtre ; les finances de la Chine, son commerce intérieur et extérieur, ses lois, sa politique administrative, et sur-tout ses arts et métiers, qui m'ont paru devoir mériter les détails les plus étendus : j'ai cru qu'en exposant toutes les branches de l'industrie des Chinois, leurs manipulations, leurs procédés, leurs maximes pratiques, il pourrait en résulter quelques idées neuves et utiles pour l'Europe, appliquables peut-être à nos propres arts et à nos manufactures.

Cette nouvelle édition aura le mérite d'être enrichie d'un grand nombre de faits et d'observations qu'on chercherait vainement ailleurs. Je les dois à l'amitié de feu M. Delatour, ancien imprimeur du Roi, possesseur d'un cabinet très-riche en peintures, dessins, livres et raretés de la Chine, et qui, pendant trente ans, a entretenu une correspondance particulière avec les missionnaires français de Pé-kin. M. Delatour, dont j'étais depuis long-tems l'ami, a bien voulu me remettre et m'abandonner les fruits de cette correspondance. Les remarques nombreuses que j'y ai puisées n'étaient pas encore connues.

J'ose espérer aussi que la publication de cet ouvrage pourra n'être pas totalement étrangère à la gloire littéraire de la France : il prouvera, contre l'assertion de quelques écrivains, que ce n'est ni aux Anglais ni aux Russes, malgré la pompe et la dépense de leurs ambassades, mais aux seuls Français que sont dues les connaissances les plus précises et les plus exactes sur l'état de la Chine, ses arts et son histoire. Les relations des ambassades anglaise et hollandaise, qui eurent lieu en 1793 et 1794, ont retenti avec éclat dans toute l'Europe, et cependant on peut avancer avec confiance que les vingt volumes qu'elles ont produits ne nous ont pas fourni la valeur de quatre pages en connaissances nouvelles sur la Chine. La dernière ambassade des Russes, entreprise en 1805, et qui, par des raisons politiques que nous ignorons, n'a pas été admise à la Chine, ne nous aurait vraisemblablement offert que le même résultat. Que peuvent, en effet, nous apprendre des ambassadeurs qui ne font que traverser, sur une seule ligne, cet immense empire ; qui n'entendent et ne s'expliquent que par des interprètes, et ne voient les objets répandus sur leur route qu'à travers l'honorable escorte qui les accompagne et les surveille ? Que peuvent-ils même nous apprendre de l'étendue, des édifices et de la population de Pé-kin, où, lorsqu'ils arrivent, ils sont reçus dans une maison que les ministres ont fait préparer ; prison décente, qu'environne jour et nuit une garde vigilante, dont eux ni les gens de leur suite ne peuvent violer la clôture, où ils ne reçoivent d'autres visites que celles des agens du gouvernement, et dont ils ne sortent que pour être conduits à l'audience de l'Empereur, ou assister à quelques fêtes de la cour, auxquelles il est d'usage d'admettre les envoyés étrangers ? Ce n'est pas en voyageant avec cette précipitation, ni au milieu de semblables entraves, que les missionnaires ont vu et observé la Chine ; appelés et en quelque sorte naturalisés dans cet empire, où ils se sont succédés pendant plus de deux siècles, ils y vivaient et y mouraient. Le tems, l'occasion, les moyens de s'instruire n'ont pu leur manquer, et ce n'est point, comme il arrive aux voyageurs ordinaires, d'après de rapides aperçus ou de vagues et fugitives réminiscences qu'ils ont rédigé leurs mémoires. Aussi l'ouvrage que nous publions, dépositaire de leurs observations, ne se borne-t-il pas, comme ces relations d'ambassades, à un simple itinéraire à travers quelques provinces : il n'est pas un seul coin du sol chinois qu'il ne fasse connaître.

La méthode la plus sûre pour mettre à portée de juger d'un ouvrage, encore inconnu au public auquel on l'annonce, est de le soumettre franchement à l'analyse, d'en présenter le plan, l'ordre, les divisions avec toute la suite de leurs développemens; c'est un mode, une forme nouvelle de *prospectus* que nous proposons aux gens de lettres, et dont nous allons nous-mêmes donner l'exemple, en joignant ici une table ou distribution générale des livres et chapitres que renferme notre nouveau travail. Nous espérons qu'il suffira d'y jeter les yeux, pour reconnaître qu'on ne peut le comparer, dans son ensemble, à rien de ce qui a paru jusqu'ici sur la Chine.

TABLE

ET DISTRIBUTION GÉNÉRALE DES LIVRES ET CHAPITRES
DE CET OUVRAGE.

LIVRE PREMIER.

Etendue de la Chine; ses bornes ; nombre de ses provinces.

CHAPITRE Ier. Province de Pé-tché-li. — De Pé-kin; mesure géométrique de sa circonférence; sa population ; consommation journalière de Pé-kin comparée à celle de Paris ; sa police, ses édifices publics ; antiquité de Pé-kin. — Autres villes du Pé-tché-li. —Climat de cette province ; singularités qu'elle présente sur la congélation ; observations météorologiques faites à Pé-kin ; variations constamment uniformes de l'aiguille aimantée depuis deux siècles ; même uniformité dans la marche du mercure contenu dans le baromètre.

CHAP. II. — XV. (Ces XIV chapitres contiennent la topographie des quatorze autres provinces chinoises, accompagnée de détails sur le nombre et la juridiction des villes, les productions du sol, l'industrie, le commerce, etc.)

LIVRE II.

De la Tartarie chinoise.

CHAPITRE Ier. De la Tartarie chinoise orientale ; ses trois départemens.

CHAP. II. De la Tartarie chinoise occidèntale ; Tartares Mongous. — Kalkas. — Ortous. — Du Kokonor. —Eleuthes.

LIVRE III.

Autres peuples sujets de l'empire chinois ; des Si-fans, des Lo-los, des montagnards Miao-ssé, de l'île Tai-ouane * ou Formose.

* On s'est permis un léger changement dans l'orthographe chinoise : nous rendrons compte des motifs dans la Préface de l'ouvrage.

LIVRE IV.

Etats tributaires de la Chine ; de la Corée, du Ton-kin, de la Cochinchine, du Thibet, du pays de Ha-mi, des îles Lieou-kieou. (Ces trois derniers livres, dont on n'énonce que les titres, par défaut d'espace, font amplement connaître les Tartares et plusieurs autres peuples de la Haute-Asie. Ils contiennent de nombreuses observations sur la géographie, la physique et l'histoire naturelle de chacune de ces vastes contrées.)

LIVRE V.

Histoire naturelle de la Chine.

Chapitre Ier. Climat de la Chine, ses montagnes, ses lacs, ses rivières. — Cours des deux grands fleuves Kian et Hoan-ho ; découverte récente des sources de ce dernier ; canal impérial ; art géométrique des digues chinoises ; observation relative au niveau des mers.

Chap. II. Population de la Chine ; pièces originales qui ont servi de base à cette évaluation.

Chap. III. Fertilité de la Chine ; causes des famines fréquentes qu'on y éprouve.

LIVRE VI.

Minéraux de la Chine.

Chapitre Ier. Les métaux, les pierres, les sels. — Outre le mercure ou vif-argent, que les Chinois tirent de leurs mines, ils obtiennent encore cette substance de la plante du pourpier ; singulière préparation du mercure en usage parmi eux, laquelle consiste à le faire passer dans l'estomac d'un poulet vivant.

Chap. II. Pierres sonores, et quelques autres pierres singulières de la Chine.

Chap. III. Terres, argiles ; matière de la porcelaine ; poterie chinoise, élégance de ses formes.

Chap. IV. Eaux minérales de la Chine, volcans, tremblemens de terre. — Point de volcans aujourd'hui en activité
à la Chine; célèbres tremblemens de terre des années 1679,
1718, 1720, 1731, 1775 et 1782.

LIVRE VII.

Arbres, arbrisseaux, plantes, fleurs, herbes potagères et
simples de la Chine.
Chapitre Ier. Arbres des forêts, à propriétés utiles ou sin-
gulières. (Ce chapitre contient vingt-sept sections ou para-
graphes.)
Chap. II. Le tsou-tché ou le bambou. — Conjecture sur l'ori-
gine de ce roseau; ses espèces nombreuses, sa culture, etc.
Chap. III. Le thé. (Chapitre très-étendu.)
Chap. IV. Arbres fruitiers de la Chine.
Chap. V. Arbres et arbrisseaux à fleurs.
Chap. VI. Plantes à fleurs et à tige herbacée.
Chap. VII. Plantes d'utilité première ou secondaire. — Le
blé, le riz, le coton, la canne à sucre, etc. Tableau gé-
néral de l'agriculture chinoise.
Chap. VIII. Plantes potagères.
Chap. IX. Art de cultiver les champignons, et d'en obtenir
des espèces déterminées; champignons particuliers à la
Chine.
Chap. X. Plantes aquatiques.
Chap. XI. Plantes colorantes.
Chap. XII. Plantes, racines, herbes médicinales.
Chap. XIII. Serres chinoises.

LIVRE VIII.

Insectes, oiseaux, poissons, quadrupèdes de la Chine.
Chapitre Ier. Les insectes. — Insectes à soie, différens des vers
à soie ordinaires; recherches curieuses sur ces insectes sauvages, qui existaient anciennement dans l'île de Cos, et qui

se retrouvent à la Chine, où l'on fabrique des étoffes de leur soie.

Chap. II. Les poissons.—Huîtres perlières de la Chine ; perles factices des Chinois, qui les achèvent et les perfectionnent dans les viscères même de l'huître. Assertions singulières sur la reproduction artificielle des perles.

Chap. III. Les oiseaux. — Oiseaux de proie, oiseaux de passage, oiseaux domestiques de terre et d'eau ; examen de quelques assertions de MM. de Buffon, de Montbeillard et Sonnerat.

Chap. IV. Les quadrupèdes. — Chevaux chinois et tartares. Maximes chinoises sur l'éducation du cheval ; forme des écuries ; police chinoise sur les chevaux. — Le mulet et la mule sauvages, ou le cheval hémione ; première connaissance de cet animal extraordinaire due incontestablement aux missionnaires français, quoique M. Pallas attribue la gloire de cette découverte aux Russes ; titres de cette réclamation. — Béliers sauvages connus à la Chine, malgré l'assertion de M. de Buffon, qui assure qu'*on ne trouve point de brebis sauvages dans les déserts.* — Armées de rats, l'un des fléaux de la Chine. — Animaux sauvages et féroces ; chasses impériales.

—

LIVRE IX.

De la religion des Chinois.

Chapitre Ier. Des kin, ou livres canoniques des Chinois ; histoire et autorité de ces livres ; observations sur l'édition du Chou-kin, donnée par M. de Guignes.

Chap. II. De la religion ancienne de la Chine.

Chap. III. Remarques singulières sur quelques anciens caractères et textes chinois.

Chap. IV et V. Sacrifices anciens des Chinois ; leurs temples ; actes du culte public ; cérémonie du labourage.

Chap. VI. Des Miao ou temples d'idoles ; riche dotation

d'un grand nombre de bonzeries ; erreur de M. Staunton, qui assure que les prêtres d'aucun culte ne sont salariés à la Chine.

Chap. VII, VIII, IX et X. Diverses sectes, introduites à la Chine ; superstitions chinoises.

Chap. XI et XII. Découverte d'une synagogue, établie à la Chine dès le premier siècle de l'ère chrétienne ; détails sur le Pentateuque et les autres parties des livres saints qui furent trouvés chez ces Israélites.

—

LIVRE X.

Gouvernement chinois.

Chapitre Ier. Autorité souveraine.

Chap. II. Mandarins de lettres ; leurs différentes classes ; prérogatives de chacune d'elles.

Chap. III. Mandarins d'armes.

Chap. IV. Forces militaires de la Chine ; discipline de ses troupes, leurs armes, leur solde ; places fortes.

Chap. V. Tribunaux supérieurs de la Chine ; office et juridiction des censeurs.

Chap. VI. Lois civiles.

Chap. VII. Lois et procédures criminelles.

Chap. VIII. Des crimes du suicide et de l'infanticide à la Chine ; moyens qu'emploie le gouvernement pour les prévenir.

Chap. IX. De la piété filiale.

Chapitre X. Police intérieure des villes.

Chap. XI. Police générale ; chemins publics ; hôtelleries ; postes militaires sur les routes ; voitures ; poste impériale.

Chap. XII. Des finances ; nature des impôts de la Chine ; méthodes des recouvremens ; revenus de l'Etat. — Monnaies de la Chine. — De l'intérêt de l'argent. — Mesures et poids de la Chine.

Chap. XIII. Divers ordres de citoyens ; état des fortunes privées à la Chine.

Chap. XIV. Commerce extérieur de la Chine ; commerce de la Chine avec l'Europe ; nombre des vaisseaux qui fréquentent annuellement le port de Canton ; nature des importations et exportations ; sommes d'argent portées à la Chine ; droits, taxes, entraves auxquels sont assujettis les Européens ; aperçu de leurs bénéfices.

Chap. XV. Commerce par terre des Russes avec les Chinois ; villes russe et chinoise, bâties sur les frontières des deux empires pour servir d'entrepôt au commerce ; époque des marchés ; nature des échanges ; itinéraire des marchands russes.

Chap. XVI. Commerce intérieur de la Chine ; il se fait presque entièrement par eau ; sa prodigieuse activité.

Chap. XVII et XVIII. Administration intérieure ; dépenses publiques ; ponts et canaux ; lois somptuaires ; sceaux de l'empire ; fonctions des vice-rois ; administration militaire.

Chap. XIX et XX. Administration de la famille impériale ; des princes et princesses du sang ; de l'impératrice ; des reines ; des concubines ; des femmes de service.

Chap. XXI. Code des empereurs ; introduction du droit de remontrances.

Chap. XXII. Gouvernement actuel sous la dynastie tartare.

LIVRE XI.

Vie privée des Chinois ; leur caractère ; leurs usages ; mœurs des deux sexes.

Chapitre Iᵉʳ. Mariage des Chinois ; examen de cette question : Naît-il à la Chine plus de filles que de garçons ?

Chap. II. Education des enfans ; écoles particulières ; colléges publics ; concours ; examens ; éducation des filles.

Chap. III. Physionomie des Chinois ; vêtemens et costumes des hommes ; modes françaises peu goûtées à la Chine.

Chap. IV. Habillemens, parures et toilette des femmes chinoises ; petitesse de leurs pieds ; leur clôture ; femmes tartares.

Chap. V. Bâtimens et ameublemens des Chinois.

Chap. VI. Repas et alimens des Chinois ; queue, langue et nerfs de cerf, nids d'oiseaux, nageoires de requin, pattes d'ours, alimens de luxe à la Chine ; apprêts, cuisson et assaisonnemens des viandes.

Chap. VII. Fêtes et réjouissances publiques.

Chap. VIII. Divertissemens particuliers et jeux des Chinois.

Chap. IX. Cérémonial public et particulier des Chinois.

Chap. X. Funérailles et sépultures chinoises ; cercueils très-ornés ; tems du deuil ; situation agréable des sépultures ; formes variées des tombeaux ; visites qu'on leur rend.

Chap. XI. Coup-d'œil sur le caractère général des Chinois.

—

LIVRE XII.

Etat de la littérature et des sciences chez les Chinois.

Chapitre Ier. Langue chinoise ; caractères, écriture, ponctuation ; variété des accents ; dictionnaires chinois.

Chap. II. Langue tartare-mantcheou ; caractères tartares ; ils se lisent en tous sens.

Chap. III. Poésie des Chinois ; poétique chinoise peu différente de la nôtre ; vers licencieux, rares à la Chine.

Chap. IV. Pièces dramatiques ; leur irrégularité ; art théâtral peu encouragé.

Chap. V. Eloquence chinoise ; ouvrages d'érudition.

Chap. VI. Bibliothèques de la Chine ; collége impérial des Hane-line ; éditions d'ouvrages aux frais des empereurs.

Chap. VII. Cosmogonie des Chinois ; état de leurs progrès dans les sciences physiques ; leur habileté reconnue dans la mécanique et l'hydraulique ; ballons aérostatiques : ont-ils été connus à la Chine ? Lettre du P. Amiot, et quelques faits qui semblent autoriser à le présumer. Les procédés de la chimie connus et pratiqués à la Chine.

Chap. VIII. Etat des connaissances géographiques à la Chine.

Chap. IX. De la chronologie, de l'histoire et des cycles chinois.

Chap. X. Astronomie chinoise.

Chap. XI. De la boussole : les Chinois en ont-ils été les inventeurs ? (Question intéressante traitée avec étendue.)

Chap. XII et XIII. Médecine chinoise ; anatomie ; circulation du sang ; de la connaissance des maladies par le pouls ; du livre Si-yuene, qui enseigne à constater l'homicide par l'examen du cadavre ; du Con-fou, ou l'art de guérir par les attitudes du corps.

Chap. XIV. Quelques remèdes et recettes, employés par la médecine chinoise.

Chap. XV. De la chirurgie. Notions récentes sur plusieurs opérations chirurgicales chinoises.

LIVRE XIII *et dernier*.

Arts et métiers de la Chine.

Chapitre Ier. Musique chinoise ; ancien système musical des Chinois, antérieur à celui de tous les autres peuples, et le même que celui des Grecs ; leurs instrumens.

Chap. II et III. Architecture chinoise ; colonnes ; doubles toits chinois ; briques précieuses et d'un travail fini ; tuiles vernissées ; simplicité des échafauds de bâtimens ; tours, arcs de triomphe et ponts de la Chine ; grande muraille chinoise ; son histoire ; dimensions de toutes ses parties.

Chap. IV. Architecture navale et marine des Chinois ; structure des vaisseaux ; mâture ; voiles ; barques impériales ; bateaux de commerce ; vaisseaux de guerre.

Chap. V. Théorie des jardins chinois.

Chap. VI. Jardins et maisons de plaisance des empereurs ; jardins d'Yuene-min-yuene et de Gé-hol ; leur description.

Chap. VII. Etat de la peinture et de la sculpture à la Chine ; peinture à fresque ; peinture sur glace ; peinture sur pierre ; peinture à feu sur la soie ; sculpture en ornemens, presque la seule pratiquée à la Chine.

Chap. VIII. De la gravure en bois et sur cuivre ; gravure a trois, à quatre et à cinq couleurs, connue des Chinois long-tems avant qu'elle le fût en Europe ; gravure en cuivre, plus moderne à la Chine.

Chap. IX. Tisseranderie et teintures chinoises ; gazes, damas, satins, taffetas ; soieries peintes ; étoffes d'or et d'argent ; étoffes de laine des manufactures du Nord ; tapis précieux et communs ; feutres.—Teintures chinoises ; beau noir des étoffes chinoises, dû aux coques ou capsules du gland.

Chap. X. Porcelaine de la Chine. Origine et révolutions de l'art de la porcelaine ; sa matière ; composition de son vernis ou de sa couverte ; le vernis pé-yeou ; le yeou-li-hon ou vernis rouge ; le tsé-kine ou vernis d'or bruni ; le lon-tsiuene ou vernis olive ; le beau noir ou-kin. Fabrication des pièces de porcelaine ; ouvrages unis ; procédés pour les grands ouvrages et les pièces compliquées ; manière de consolider les bords de la porcelaine. Peinture de la porcelaine ; manière de *souffler* les couleurs et le vernis ; couleurs chinoises employées pour la porcelaine ; leur préparation ; propriété peu connue de la céruse ; application de l'or et de l'argent sur la porcelaine ; secret pour peindre sur la porcelaine sans la faire recuire. Travail du fourneau ; étuis ou caisses qui renferment la porcelaine ; construction des fourneaux, manière de les gouverner ; indices de la perfection de la cuite. Porcelaines extraordinaires ou d'une exécution difficile ; porcelaine craquelée ; porcelaine en dentelle ; porcelaine dont les figures paraissent ou disparaissent, selon que le vase est vuide ou plein ; porcelaine à moulures, quoique sans relief ; autres porcelaines extraordinaires.

Chap. XI. Les vases murrhins n'étaient-ils que l'ancienne porcelaine de la Chine ?

Chap. XII. Art de la verrerie ; ancienneté de la connaissance du verre chez les Chinois ; verrerie impériale de Pé-kin ; autre verrerie établie à Canton ; quelques méprises de M. Steaunton, rédacteur du *Voyage de Macartney*.

Chap. XIII. Ouvrages de vernis ; procédés et manipulations des ouvriers Chinois pour exécuter ces beaux ouvrages.

Chap. XIV. Fonte et travail des métaux ; instrumens astronomiques, exécutés en bronze et à grandes proportions pour l'observatoire impérial ; cloches de Pé-kin et de Nan-kin ; fonderies de l'empereur à Yon-ho-kon ; simplicité des procédés chinois pour la fonte des plus énormes pièces. Travail des métaux ; ouvrages en fer ; grille européenne exécutée à la Chine ; figures d'animaux, vases à fleurs, tableaux de paysages en relief, exécutés en fer par les Chinois. Armurerie ; horlogerie ; soufflet des forges chinoises ; préparations du fer qu'on veut dorer ; manière chinoise de bronzer le cuivre ; recette pour donner aux vases de cuivre un œil antique.

Chap. XV. Artillerie ; poudre à canon ; usage de l'artillerie très-ancien à la Chine ; description des armes à feu ; fabrication de la poudre chinoise ; ses variétés.

Chap. XVI. Feux d'artifice chinois.

Chap. XVII. Art de préparer et de travailler la corne.

Chap. XVIII. Art du papier ; époque de sa première fabrication ; matières du papier ; espèces variées de papiers chinois ; papier pé-lou-tchi, d'une grandeur extraordinaire, destiné pour la tenture des appartemens ; rhabillage du vieux papier, ou art de le nettoyer ; papier fait de bambou ; manière de le fabriquer.

Chap. XIX. Encre de la Chine, imprimerie, reliûre des livres. Matière de l'encre chinoise ; secret de sa fabrication. Imprimerie, date de son invention à la Chine ; gravure des planches ; manière d'imprimer sans le secours de la presse ; caractères mobiles, dans quels cas on les emploie ; reliûre des livres chinois ; volumes d'estampes, composés quelquefois d'une seule et immense feuille.

Chap. XX. Fleurs artificielles de la Chine ; moëlle du tontsao, qui est la matière de ces fleurs ; sa préparation ; choix de couleurs particulières ; fleurs en soie, en porcelaine, en agathe, en corail, en plumes d'oiseaux, etc.

Chap. XXI *et dernier*. Art de la brasserie ou préparation des boissons chinoises enivrantes ; vin de raisin, très-anciennement connu à la Chine ; vins de ville autrefois offerts aux empereurs ; vin actuel des Chinois, manière de le fabriquer ; eau-de-vie chinoise, date de son invention, manière dont on la prépare ; vin d'agneau ; eau-de-vie de mouton ; vinaigre de la Chine, sa préparation ; vinaigre économique, fait de vieilles croûtes de pain, etc., etc.

CONDITIONS DE LA SOUSCRIPTION.

Cet ouvrage formera sept volumes in-8°, édition soignée, beau papier, ornée de deux cartes, l'une de la Chine, et l'autre de la grande Tartarie.

Les deux premiers volumes paraîtront le 1er novembre prochain.

Les personnes qui souscriront d'ici à cette époque paieront chaque volume 5 fr., papier fin, et 10 fr., papier vélin satiné. Le prix de l'ouvrage, pour celles qui n'auront pas souscrit à tems, sera de 42 fr., papier fin, et 84 fr., papier vélin satiné.

On ne paie rien d'avance.

Les épreuves des cartes seront livrées d'après le numéro d'inscription du souscripteur.

On souscrit à Paris, chez Pillet, imprimeur-libraire, éditeur de la Collection des *Mœurs françaises*, rue Christine, n° 5 ; et chez les Libraires de France et de l'étranger dont les noms suivent :

A Agen, chez Noubel.
Aix-la-chapelle, Laruelle.
Angers, Fourrié-Mame.
Arras, Topino.
Berlin, Schlesinger.
Besançon, Deis.
Blois, Aucher-Eloi.
Bordeaux. { Mme Bergeret, Melon, Monselet, Coudert, Gassiot, Gayet.
Bourges, Gilles.
Brest..... { Le Fournier et Desperriers, Michel.
Bruxelles { Lecharlier, Demat, Stapleaux.
Caen, Mme Belin-Lebaron.
Calais, Leleux.
Clermont-ferr., Landriot.
Dunkerq., Brœn.-Beauvan.
Francfort, Brœnner.
Gand, Dujardin.
Genève... { Paschoud, Mangez-Cherbuliez, Ledouble.
Liége..... { Desoër, Collardin.
Lille, Vanackere.
Londres.. { Bossange et M., Dulau, Treuttel et W., Vauchier et Wheathley.

A Lorient.. { chez Caris, Lecoat-Saint-Haouen.
Lyon...... { Bohaire, Lemaire.
Manheim, Fontaine.
Mans, Pesche.
Marseille { Chardon, Maswert, Mossy, Chaix.
Metz..... { Devilly, Thiel.
Mons, Leroux.
Montpellier, Sevalle.
Moscou, Risse et Saucet.
Nancy, Vincenot.
Nantes, Busseuil.
Perpignan, Tastu.
S. Pétersb. { C. Weyer, Saint-Florent.
Rennes, Duchesne.
Riom, Thibaut.
Rouen.... { Frère. Renault, Dumaine Vallé.
S. Brieux. { Prudhomme, Lemonnier.
Strasbourg, Levrault.
Turin.... { Ch. Bocca, Pic.
Valenciennes, Leroux.
Versailles, Lebel.
Ypres, Gambart-Dujardin.

DE L'IMPRIMERIE DE PILLET, RUE CHRISTINE, N° 5.